Inhalt

Reform des Stabilitäts- und Wachstumspaktes

Kernthesen

Beitrag

Fallbeispiele

Weiterführende Literatur

Impressum

Reform des Stabilitäts- und Wachstumspaktes

F.Muretta

Kernthesen

- Die Reform des Europäischen Stabilitäts- und Wachstumspaktes sorgt für Unmut. Die deutliche Lockerung der Sanktionierungsbedingungen verstärkt den Anreiz zu finanzpolitischem Fehlverhalten. (4), (5), (6), (9)
- Deutschland konnte sich bei den Verhandlungen durchsetzen. Sowohl die Nettobeiträge an den EU-Haushalt als auch die Kosten für die Wiedervereinigung werden zukünftig bei der Berechnung des Haushaltsdefizits berücksichtigt. (4), (5), (6)

Beitrag

Der Europäische Stabilitäts- und Wachstumspakt

Bereits im Maastrichter Vertrag zur Europäischen Wirtschafts- und Währungsunion verpflichteten sich die Mitgliedsstaaten der Europäischen Union zu einer stabilitätsorientierten Finanzpolitik. Der fünf Jahre später beschlossene Stabilitäts- und Wachstumspakt ergänzt dieses Regelwerk um die Vereinbarung, auch nach Einführung des Euro mittelfristig einen ausgeglichenen oder überschüssigen Staatshaushalt anzustreben. Denn die Vorteile des europäischen Währungsraumes stellen sich nur dann ein, wenn der Euro wertstabil ist.

Die wesentlichen Vorschriften des Regelwerkes lassen sich wie folgt grob zusammenfassen:

-Das Haushaltsdefizit eines Mitgliedstaates darf nicht mehr als drei Prozent, der Gesamtschuldenstand nicht mehr als 60 Prozent des Bruttoinlandsproduktes betragen. Bei Verstoß gegen diese Vorschriften ist eine Sanktionierung vorgesehen.

-Die Mitgliedsstaaten sind dazu angehalten, mittelfristig einen ausgeglichenen Staatshaushalt anzustreben.
-Die Euro-Staaten müssen jährlich Stabilitätsprogramme, die Nicht-Euro-Staaten Konvergenzprogramme vorlegen, die vom Rat der Europäischen Finanzminister (ECOFIN) und von der Europäischen Kommission bewertet und überwacht werden. (1), (2), (3)

Bedeutung des Stabilitäts- und Wachstumspaktes

Der Maastrichter Vertrag und der Stabilitäts- und Wachstumspakt sind zwei tragende Säulen der Europäischen Wirtschafts- und Währungsunion. Sie verbinden die auf gemeinschaftlicher Ebene durchgeführte Geldpolitik mit der in nationaler Verantwortung stehenden Finanzpolitik. Ohne die Koordination der gemeinschaftlichen Geldpolitik mit der Finanzpolitik in den Mitgliedsstaaten könnte die Stabilität des Euro nicht gewährleistet werden. Unsicherheit, höhere Risikoprämien und eine stärkere Volatilität der Zinsen wären die Folge.

Das Wohlergehen eines einzelnen Staates hängt somit von der aggregierten haushaltspolitischen

Disziplin aller Mitgliedsstaaten ab. Andererseits hat jedes Land den Anreiz zu einer unsoliden Finanzpolitik, da die Kosten des Fehlverhaltens von allen Mitgliedern der Währungsunion getragen werden. (1), (2), (3), (9)

Vergangene Erfolge und aktuelle Herausforderungen

Die stabilitätsorientierten finanzpolitischen Vorschriften des Maastrichter Vertrages und des Stabilitäts- und Wachstumspaktes haben in hohem Maße dazu beigetragen, dass die Mitgliedsstaaten der Europäischen Union während der neunziger Jahre ihre Haushaltsdefizite deutlich abgebaut haben.

Seit 2000 steigen die Defizite der öffentlichen Haushalte im Euro-Raum wieder stetig an. Wichtige Mitgliedsstaaten des Euro-Raums haben die Defizitgrenze von drei Prozent des Bruttoinlandproduktes bereits mehrfach überschritten. (1), (2), (3)

Beschlüsse zur Reform des

Stabilitäts- und Wachstumspaktes

Am 21. März 2005 haben die EU-Finanzminister weitreichende Beschlüsse über die Verbesserung der Anwendung des Stabilitäts- und Wachstumspaktes verabschiedet. Die Neuordnung des Paktes besteht aus drei Teilen:

-Die Verbesserung der Beziehungen zwischen der Europäischen Kommission, des Ministerrates und den nationalen Behörden und Parlamenten
-Die Stärkung des präventiven Arms des Paktes, das heißt Regelungen, die gewährleisten sollen, dass in konjunkturell guten Zeiten tatsächlich Schulden abgebaut werden
-Verbesserungen des Defizitverfahrens

Obwohl die Abschlusserklärung der Änderungsbeschlüsse den Eindruck vermittelt, dass diese drei Teile gleichberechtigt seien, liegt der Fokus realistisch gesehen auf dem dritten Teil. Darin sind etliche neue Rechtfertigungen für die Pakt-konforme Überschreitung der drei Prozent-Grenze enthalten. (4), (5), (6)

Konkrete Veränderungen im

Regelwerk

Während die Einleitung eines Defizitverfahrens bisher nur bei außergewöhnlichen Ereignissen, wie Naturkatastrophen oder bei einem Rückgang der Wirtschaftsleistung um mehr als zwei Prozent abgewendet werden konnte, ist dies nun auch möglich, wenn eine deutlich unter dem Trendwachstum liegende positive Wachstumsrate vorliegt. Auch wenn es zur Einleitung eines Defizitverfahrens kommt, soll der erste Schritt eine Prüfung aller relevanten Faktoren sein, die das Überschreiten doch rechtfertigen könnten. Diese Faktoren sollen außerdem großzügiger als bisher bewertet werden. Im Folgenden sind einige der im Vertrag genannten relevanten Faktoren aufgeführt:

-Die mittelfristige wirtschaftliche Lage des betroffenen Staates, gemessen an dessen Trendwachstum, den Fortschritten im Lissabon-Prozess und der konjunkturellen Situation
-Die mittelfristige Lage des öffentlichen Haushalts, im Einzelnen die Qualität der öffentlichen Finanzen, die Höhe der öffentlichen Investitionen, die Anstrengung zum Schuldenabbau in guten Zeiten und der Schuldenstand

Darüber hinaus dürfen die Mitgliedsstaaten auch selbst Faktoren zur Beurteilung ihrer eigenen

Finanzpolitik definieren. Dabei ist der Gestaltungsspielraum recht großzügig gehalten, sodass Ausgaben für Entwicklungshilfe, Verteidigung, den Umbau des nationalen Rentensystem sowie Nettozahlungen an den EU-Haushalt angerechnet werden können. Nicht zuletzt schließt diese Regelung auch die Kosten der deutschen Wiedervereinigung ein.

Veränderungen der Fristen bis zur tatsächlichen Sanktionierung im Defizitfall sind ebenso Bestandteil der Reformbeschlüsse. Unter bestimmten Voraussetzungen kann der Zeitraum, in dem ein Mitgliedsland sich wieder unter die Defizitgrenze wirtschaften muss, auf bis zu vier Jahre verlängert werden. Bisher lag die Grenze bei zwei Jahren. Voraussetzung für eine Fristverlängerung ist die Befolgung der Empfehlungen des Rates sowie der regelmäßige Nachweis eines schrittweisen Abbaus des übermäßigen Haushaltsdefizits. (4), (5), (6)

Fallbeispiele

Aus den Beschlüssen zur Reform des Stabilitäts- und Wachstumspaktes geht deutlich hervor, dass sich

Deutschland in den wichtigsten Punkten durchsetzen konnte. Sowohl die deutschen Nettozahlungen an den EU-Haushalt als auch die Kosten für die Wiedervereinigung werden zukünftig bei der Berechnung des Haushaltsdefizits berücksichtigt. (4), (5), (6)

Opposition und Wirtschaft übten heftige Kritik an den Beschlüssen und forderten eine Rücknahme der Änderungen. Sie befürchten zukünftig eine vermehrt schuldenfinanzierte Ausgabenpolitik. (4), (5), (9)

Für eine detaillierte Beschreibung bisheriger Reformvorschläge sei auf das GBI KnowledgeSummary Reformbedarf des Europäischen Stabilitäts- und Wachstumspaktes verwiesen.

Weiterführende Literatur

(1) STABILITÄTSPAKT Schulden von heute - Steuern von morgen
aus Sparkasse, Februar 2005, Nr. 02, S. 14

(2) Ursprünglich eine Ergänzung zum Maastricht-Vertrag Stabilitätspakt: Ein Blick zurück
aus Die SparkassenZeitung, 25.02.2005, Nr. 08, S. 18

(3) Nach bestandener Aufnahmeprüfung ließ die Haushaltsdisziplin (vor allem in Deutschland und

Frankreich) deutlich nach Der europäische Stabilitätspakt ist unverzichtbar!
aus Die SparkassenZeitung, 25.02.2005, Nr. 08, S. 17

(4) Der Kompromiß läßt viel Interpretationsspielraum
aus Frankfurter Allgemeine Zeitung, 22.03.2005, Nr. 68, S. 13

(5) Berlin setzt sich durch Mehr Schulden im Stabilitätspakt möglich
aus Frankfurter Allgemeine Zeitung, 22.03.2005, Nr. 68, S. 1

(6) Wie Deutschland seine gesamte Wunschliste erfüllt bekam
aus Frankfurter Allgemeine Zeitung, 22.03.2005, Nr. 68, S. 13

(7) Warum der Euro stabil bleiben wird Der europäische Stabilitäts- und Wachstumspakt spielt für die Preisentwicklung kaum eine Rolle. Seine jüngste Reform bringt daher auch keine Inflationsgefahr
aus Financial Times Deutschland vom 29.03.2005, Seite 30

(8) Europäische Zentralbanksorgt sich um Stabilitätspakt
aus netzeitung.de vom 21.03.2005

(9) Staatschefs beschließen Reform - Finanzmärkte befürchten steigende Zinsen - Europäische

Zentralbank besorgt Die Reform des Stabilitätspaktes sorgt für Unmut. Unterdessen kommen die Regierungschefs der EU-Staaten zu einem zweitägigen Gipfel zusammen, um weitere strittige Themen zu verhandeln Heftige Kritik am aufgeweichten Stabilitätspakt
aus Die Welt, Jg. 60, 23.03.2005, Nr. 69, S. 12

Impressum

Reform des Stabilitäts- und Wachstumspaktes

Bibliografische Information der deutschen Nationalbibliothek

Die Deutsche Nationalbibliothek verzeichnet diese Publikation in der deutschen Nationalbibliografie; detaillierte bibliografische Daten sind im Internet über http://dnb.d-nb.de abrufbar.

ISBN: 978-3-7379-1603-5

© 2015 GBI-Genios Deutsche Wirtschaftsdatenbank GmbH, Freischützstraße 96, 81927 München, www.genios.de

Alle Rechte vorbehalten. Dieses Werk ist einschließlich aller seiner Teile – z.B. Texte, Tabellen und Grafiken - urheberrechtlich geschützt. Jede Verwertung außerhalb der Grenzen des Urheberrechtsgesetzes bedarf der vorherigen Zustimmung des Verlags. Dies gilt insbesondere auch für auszugsweise Nachdrucke, fotomechanische Vervielfältigungen (Fotokopie/Mikroskopie), Übersetzungen, Auswertungen durch Datenbanken oder ähnliche Einrichtungen und die Einspeicherung und Verarbeitung in elektronischen Systemen.